51 ATITUDES ESSENCIAIS PARA VENCER NA VIDA E NA CARREIRA

Carlos Hilsdorf

CLIO EDITORA

CLIO
EDITORA

Av. Paulista, 967 - 14º andar - Sala 9 - Cerqueira César
01311-100 - São Paulo - SP
clioeditora@clioeditora.com.br
www.clioeditora.com.br

Dados Internacionais de Catalogação na Publicação (CIP)
(Câmara Brasileira do Livro, SP, Brasil)

Hilsdorf, Carlos
51 atitudes essenciais para vencer na vida e na carreira / Carlos Hilsdorf. -- São Paulo : Clio Editora, 2010.

1. Atitude (Psicologia) 2. Atitude - Mudança 3. Autoavaliação 4. Autorealização 5. Conduta de vida 6. Motivação (Psicologia) 7. Sucesso 8. Sucesso profissional 9. Sucesso - Aspectos psicológicos I. Título.

10-03704 CDD-158.1

Índices para catálogo sistemático:
1. Realização pessoal : Psicologia aplicada 158.1
2. Sucesso : Psicologia aplicada 158.1

ISBN: 978-85-7831-043-1
Projeto gráfico e editoração: Aga Estúdio
Capa: Gustavo Portela Design
Revisão e Preparação: Vânia Cobiaco
8ª edição: abril de 2011

Abra um livro e estará abrindo novas portas para novos caminhos. Leia-o e estará entrando por elas e percorrendo cada um destes caminhos. Este livro é dedicado a você que abriu esta porta e começa a percorrer comigo estes caminhos.

Que Deus abençoe nossa caminhada.

Carlos Hilsdorf

Para início de conversa...

Este livro foi escrito com imenso carinho, para auxiliar na reflexão de atitudes fundamentais para seu êxito na vida pessoal e profissional.

Trata-se de um livro leve e rápido de ler. Foi escrito com esta proposta: prático e sem rodeios.

A felicidade e o sucesso na carreira do profissional dependem das escolhas que fazemos. Atitudes são escolhas efetivamente praticadas.

Não são as decisões que mudam nossa vida, mas as atitudes. Muitas pessoas decidem e não praticam o que decidiram, ficam paralisadas apenas na teoria. Vida não é teoria, é prática!

Este é um livro para vencedores: aqueles que não apenas sabem, mas praticam o que sabem, aperfeiçoando-se sempre. Vencedores são pessoas que estão dispostas a percorrer um caminho de autoconhecimento e autorrealização.

Da próxima página em diante, você terá cinquenta e uma atitudes para alcançar o sucesso.

Uma sugestão: não leia o livro, estude-o! Releia-o com frequência, marque pontos importantes, reflita, converse sobre eles, pratique-os.

Se você escolher aceitar essa sugestão, sua valorização, reconhecimento e visibilidade aumentarão exponencialmente. Novas portas se abrirão e muitos novos convites para projetos e oportunidades na carreira surgirão naturalmente com o tempo. Agora, depende de suas escolhas; **o futuro pertence aos melhores**.

Carlos Hilsdorf

1 Mantenha sempre a humildade

Muitos confundem humildade com inferioridade ou subserviência. Ser humilde não tem relação com inferioridade, subalternidade; tem relação com autoconhecimento, dignidade e respeito.

Por mais que tenhamos vivido, por mais que tenhamos aprendido, ainda sabemos pouco sobre as coisas mais importantes de nossa vida.

O essencial se aprende por último, e só se aprende se conservarmos a humildade. Na ausência dela, nenhuma outra virtude pode se desenvolver.

Ser humilde não é acreditar que somos menos do que os outros; ser humilde é saber que não somos mais que ninguém!

Viver com humildade é saber que todas as pessoas, sentimentos e acontecimentos têm algo a nos ensinar.

Uma pessoa impaciente nos ensina o valor da paciência.

As derrotas nos ensinam a valorizar as vitórias.

Uma pessoa calma nos ensina o valor da paz.

Quando mantemos a humildade, compreendemos que a vida está repleta de professores. Passamos a aprender com as pessoas, com as emoções, sentimentos e acontecimentos.

Somente os humildes são verdadeiramente grandes.

Diante de tudo e de todos, mantenha sempre a humildade; esta é a única forma de aprender e ser feliz!

2 Desenvolva atitudes vencedoras

A vida é feita de escolhas. Não escolher é aceitar passivamente as escolhas dos outros. Escreva sua própria história ou terá que se contentar com a história que os outros escreverão por você e para você.

As escolhas que praticamos são nossas atitudes. Elas podem ser limitadoras se nos aprisionam, e vencedoras se nos libertam.

Atitudes vencedoras são aquelas que contribuem com nosso crescimento e autorrealização. São atitudes que expandem nossas possibilidades, utilizando ao máximo nossas potencialidades. Elas resultam em especial fonte de prazer e satisfação. São atitudes que nos completam, trazem sentido a nossa vida, tornando-nos plenos.

Atitudes vencedoras transformam dificuldades em oportunidades, ao passo que atitudes limitadoras transformam dificuldades em problemas!

A grande questão não é o que a vida faz conosco, mas o que fazemos diante da vida.

Quando modificamos nossas escolhas, modificamos nossas vidas. Para mudar sua vida, mude sua atitude.

Como enfatizou o grande psicólogo William James: "A maior descoberta de minha geração é que qualquer ser humano pode mudar sua vida mudando sua *atitude*".

E como bem lembrava o filósofo grego Aristóteles: "Nós nos tornamos o que repetidamente fazemos".

De agora em diante, sempre que tiver que tomar uma atitude, reflita se ela abre ou fecha portas em sua caminhada de autorrealização.

Abra novas portas e novos horizontes, desenvolva atitudes vencedoras!

3 Seja organizado

Muitos de nossos sonhos, desejos e vontades não se materializam por absoluta falta de organização.

Quando começamos a organizar as coisas, estamos começando a desenhar nosso sucesso.

Nada de valor pode ser feito sem organização. Ela é a base das grandes realizações. Ao estabelecermos o que deve ser feito, quando, por quem e como deve ser feito, estamos nos programando para vencer.

Quando você chega à empresa, não comece a fazer as coisas automaticamente, repetindo a rotina dos dias anteriores. Para poder planejar, você precisa primeiro organizar as coisas. Comece organizando seu dia.

Pergunte-se: O que você tem a fazer? O que é importante? O que é urgente? Quais são as prioridades?

Depois de organizar as tarefas, decidindo quais são as prioridades, você poderá planejar a melhor maneira de realizá-las.

Falta de organização significa desperdício de tempo, dinheiro e retrabalho.

Como disse o escritor inglês Charles Dickens sobre suas realizações: "Eu nunca poderia ter feito o que fiz sem os hábitos da pontualidade, ordem e aplicação, e sem a determinação de me concentrar em um assunto de cada vez".

Pitágoras, o famoso filósofo e matemático grego, costumava dizer: "Com ordem e tempo se encontra o segredo de fazer tudo".

Seja organizado e você descobrirá que não lhe faltam tempo e recursos, como você imaginava: o que lhe faltava era organização!

4 Mantenha o foco

Se um navio errar um grau em sua rota, poderá chegar ao continente errado.

Foco é o que permite atingir nosso alvo. Para isso, precisamos conhecer bem o alvo e nos concentrarmos firmemente nele.

Focar é fazer que toda nossa energia e concentração estejam direcionadas para o alvo.

É muito comum na vida e nos negócios perdermos o foco. Esse é um dos principais motivos que nos impedem de atingir nossos objetivos.

As principais causas da falta de foco são:

1. falta de clareza de objetivos;
2. excesso de objetivos e dificuldade de estabelecer prioridades;

3. distrações provenientes de outros interesses e compromissos.

Quando conhecemos nosso alvo e nos concentramos em atingi-lo, adquirimos um extraordinário poder de realização.

Saber priorizar nossos esforços é determinante para obter sucesso.

Manter o foco não significa apenas ter olhos para ver o que estamos buscando: é preciso olhar ao redor para perceber o todo. Manter o foco é a capacidade de ver o todo sem perder o alvo de vista.

Profissionais que têm foco estão sempre ligados a tudo a sua volta, sempre alerta aos acontecimentos que podem ajudá-lo a atingir o alvo. O foco é estabelecido para evidenciar e priorizar, nunca para diminuir nossa capacidade de visão.

Seu foco determina seus resultados, sua manutenção é responsável pela velocidade e qualidade com que você atinge suas metas.

5 Tenha disciplina

A disciplina é para nós o que o cinzel e o martelo são para o escultor: a ferramenta com a qual esculpimos nosso progresso!

Muitos de nossos projetos não se concretizam por falta de disciplina.

É importante notar que não nascemos disciplinados – disciplinamo-nos ao longo do tempo.

A disciplina é uma conquista que necessita da aquisição de novos hábitos e do abandono de antigos.

Os velhos hábitos levaram tempo para ser construídos e resistirão a ser substituídos. Para que os novos hábitos sejam incorporados, é preciso manter nossos esforços por tempo suficiente.

Os novos hábitos demandam dedicação e repetição para que sejam efetivados.

São necessárias milhares de horas para fazer um bom músico, um bom professor, um bom supervisor ou gerente. Milhares de horas disciplinadas, porque, na ausência de disciplina, o tempo apenas passa, não é aproveitado.

A disciplina nos permite:

- evoluir em todas nossas competências;
- vencer barreiras e dificuldades aparentemente intransponíveis;
- compreender o valor das pequenas atitudes mantidas ao longo do tempo;
- ampliar nossas habilidades e conhecimentos;
- vencer a nós mesmos e nossas dificuldades físicas, mentais e espirituais.

Aplique disciplina a sua vida para que seus maiores valores possam vir à tona e você se torne um "mestre" nas coisas que realiza.

A vida premia todo esforço disciplinado.

6 Desenvolva autoconfiança

Autoconfiança não é arrogância ou prepotência. É a certeza de que você tem plenas condições de lutar e vencer.

Muitos acreditam que a autoconfiança traz o sucesso. Isso não é verdade. **É o sucesso que traz a autoconfiança.** Quando acertamos, ganhamos, conquistamos ou nos superamos em qualquer situação, por menor que seja, ganhamos confiança para seguir adiante.

Nosso pensamento é: "Se cheguei até aqui, posso ir mais longe!".

Ao experimentar o sucesso, nos sentimos confiantes para ir em frente. Por isso, é muito importante obter pequenas vitórias; elas nos preparam para as grandes!

Nossos êxitos aumentam nossa confiança. Colecionando várias vitórias, ousaremos mais e, se errarmos, fracassarmos ou perdermos, saberemos que, em outras situações passadas, já vencemos e, portanto, podemos voltar a vencer. Essa bagagem positiva alimenta nossa vontade de persistir. É preciso autoconfiança para persistir!

Comemore todas as pequenas vitórias e, quando perder, não perca a lição.

Aumente os desafios gradativamente e, quando menos esperar, estará dando saltos de ousadia garantidos por sua autoconfiança. **Com base nela, acredite em sua capacidade de vencer mesmo quando ninguém mais acredita!**

7 Tome a iniciativa

Iniciativa é a atitude de visualizar o que precisa ser feito e fazê-lo, sem que seja necessário receber qualquer solicitação para isso. Pessoas de iniciativa são automotivadas e proativas.

Nesta nova era, as empresas não se interessam por profissionais que ficam aguardando suas determinações para agir; precisam de pessoas dotadas de iniciativa, capazes de se antecipar a necessidades futuras, atentas a tendências e oportunidades que contribuam para aperfeiçoar o modelo de negócios.

Profissionais dotados de iniciativa e autonomia executam ações de alto valor agregado e obtêm resultados qualitativamente superiores para a empresa.

Iniciativa precisa de comprometimento para tornar-se efetiva. **Iniciativa, contudo, é apenas o primeiro passo: verdadeiros profissionais permanecem comprometidos durante todo o processo.**

Iniciativa não é apenas começar, mas começar algo que iremos nos responsabilizar por concluir, não importa se sozinhos ou se delegando as próximas fases a pessoas com maior *expertise* para realizá-las.

Tomar a iniciativa significa perceber e agir enquanto os outros percebem e não agem.

Esteja atento àquilo que precisa e deve ser feito e busque imediatamente os caminhos para viabilizar a ação. Dê o exemplo. Comece a fazer, e outras pessoas o seguirão. Pessoas com iniciativa cativam as outras pessoas e mostram o que e como pode ser feito.

Não fique imobilizado diante das dificuldades, nem espere condições ideais para agir: comece com o que você tem. Se você não pode controlar o vento, ajuste as velas do barco.

Há uma série de coisas que precisam ser feitas. Tome a iniciativa, não espere que aconteçam ou que alguém peça algo a você. Iniciativa é a consciência da importância de agir imediatamente. Tome a iniciativa, faça agora!

8 Pratique a persistência

Começar projetos muitas pessoas começam, mas somente os persistentes os concluem com êxito.

Persistência é a capacidade de insistir e manter o esforço por todo o tempo necessário até a vitória. **Persistir é "insistir" naquilo que vale a pena.** É diferente da teimosia, que é "insistir" naquilo que não vale a pena.

Teimosos andam em círculo, persistentes traçam um objetivo significativo e caminham com garra e determinação rumo a sua realização.

O teimoso está preocupado em ter sempre razão. O persistente está focado em acertar o alvo e se, para fazê-lo, precisa mudar de opiniões e conceitos, ele o faz; afinal, o que importa é o resultado e não simplesmente ter sempre razão.

O persistente não é imediatista, ele sabe que as grandes realizações custam tempo e esforço;

por isso dedicará o máximo de seu tempo e seus melhores esforços, de maneira contínua, até alcançar a vitória.

As maiores dificuldades e os maiores obstáculos cedem diante da persistência. Lembre que a água perfura a rocha não por causa de sua força, mas de sua "persistência"!

Quem persiste não desiste, segue em frente mesmo diante das adversidades.

A persistência é essencial na conquista de grandes realizações. Muitas pessoas têm iniciativa dez e persistência zero. Elas jamais saem do lugar.

Persistência é a capacidade de continuar onde os outros desistem!

9 Seja proativo

Proatividade é uma das características mais demandadas pelas empresas e, seguramente, uma das maiores responsáveis pelo crescimento na carreira.

Pessoas proativas estão alertas para identificar o que precisa e deve ser feito, e agem de maneira comprometida, assumindo a responsabilidade pelos resultados dessas ações.

O profissional proativo age para modificar as circunstâncias, independentemente de elas serem ou não originadas por ele. Sua postura consiste em pensar e agir com a lógica: "Certamente existe algo importante que eu posso fazer sobre isso".

Esses profissionais não esperam que as coisas aconteçam para depois reagir; estão sempre atentos para as tendências e repercussões das ações do dia a dia, propondo soluções que evitem o surgimento de problemas, antecipando, hoje, ações que seriam inevitáveis amanhã. Muitas pessoas não encontram as soluções porque nem sequer reconhecem os problemas.

Para ser mais proativo:

1. Deixe de ser reativo, não espere que as coisas aconteçam para somente então agir.
2. Enfatize a importância das coisas.
3. Parta da filosofia de "pessoas importantes fazendo coisas importantes".
4. Busque a companhia de pessoas igualmente ou mais proativas que você.
5. Só peça ajuda quando tiver esgotado o que poderia fazer por conta própria.
6. Fortaleça sua reputação de alguém sempre em busca de soluções, alguém que efetivamente agrega valor.

Enquanto os proativos agem, os reativos esperam; a diferença de performance é evidente!

10 Demonstre comprometimento

As empresas não querem compromisso, querem comprometimento!

Os profissionais verdadeiramente comprometidos são sempre os mais notados, os mais valorizados e os primeiros a serem promovidos.

Compromisso é sua obrigação, ou seja, aquilo que está estipulado em seu contrato de trabalho.

Comprometimento é um estado de espírito, é a soma da dedicação e excelência com as quais você vivencia seus compromissos.

Pessoas comprometidas não se dão por satisfeitas apenas em fazer o que se espera delas; elas querem fazer o melhor, superar a si mesmas.

Quando estamos comprometidos, não vemos o tempo passar e sentimos um prazer muito grande em realizar as tarefas e executar os projetos com os quais estamos envolvidos. O comprometimento está intimamente associado ao prazer!

O comprometimento nasce do entusiasmo e o alimenta ainda mais. Quando estamos comprometidos nos dedicamos por inteiro àquilo que estamos fazendo, nos dedicamos de corpo, mente e alma.

Profissionais e empresas não vivem de potencial, precisam de resultados. Para atingir resultados superiores, as pessoas precisam estar comprometidas. Esse comprometimento representa uma dedicação continuada, repleta de significado e que expressa nossa adesão à missão e às metas da empresa.

Seu comprometimento o levará onde nenhuma outra competência poderá levá-lo sozinha.

Pessoas apenas compromissadas não fazem história em um mercado altamente competitivo. Comprometimento é a marca dos grandes profissionais, dos que fazem história.

11 Aprenda a trabalhar em equipe

Uma equipe é um conjunto de pessoas trabalhando de forma cooperativa e interdependente para a realização de um objetivo comum.

Sendo você um talento contratado por uma empresa, seguramente está ou estará trabalhando em equipe. Isso não significa que você sempre irá trabalhar com pessoas das quais gosta e com as quais tem afinidade. **Trabalhar em equipe é trabalhar com quem precisamos trabalhar!**

Claro que, se estivermos com quem temos afinidade, tanto melhor, mas a competência de trabalhar em equipe pressupõe que você consiga trabalhar de maneira produtiva com pessoas muito diferentes de você. Quem aprende a trabalhar em equipe aprende que o resultado do relacionamento profissional depende mais de comprometimento, respeito e cooperação do que de afinidade.

Equipes são importantes porque permitem a cooperação entre profissionais com visões diferentes e complementares e proporcionam uma metodologia para a divisão e a agilização das tarefas, utilizando melhor a competência de cada um de seus membros.

Como resultado dessa interação, as metas são abordadas de maneira mais coerente e assertiva, ampliando a qualidade dos resultados.

Além disso, o trabalho em equipe permite uma absorção muito mais rápida das inovações e acelera seu efeito multiplicador dentro das organizações.

Grandes talentos sabem que podem chegar muito mais longe trabalhando com pessoas unidas pelo mesmo objetivo.

Aprender a trabalhar em equipe é fundamental para a construção de uma carreira sólida. **Jogadores geniais ganham jogos, ao passo que verdadeiras equipes ganham campeonatos.**

Sucesso é um esporte coletivo!

12 Exerça a tolerância

Vivemos em uma sociedade relacional, queremos compreender e ser compreendidos, mas isso nem sempre é tão fácil.

Muitas vezes, as pessoas de cuja compreensão você mais necessita são justamente as que o compreendem menos...

Como resolver isso? Ofereça a essas pessoas aquilo que você gostaria que elas lhe oferecessem: compreensão!

Compreender os outros e suas dificuldades por meio do exercício da tolerância é fundamental para vivermos e construirmos um mundo melhor.

Seja tolerante com você e com o próximo; afinal, somos todos aprendizes na escola da vida, e juntos somos sempre mais fortes.

A tolerância é o caminho suave que permite a convivência entre as diferenças. A tolerância aproxima as pessoas!

Tolerar não significa aceitar passivamente tudo, até mesmo aquilo com que não concordamos; significa respeitar as diferenças, colocando nossos pontos de vista com humildade e serenidade.

Muitas vezes, pensamos que toleramos os outros, mas, na verdade, nós é que somos tolerados por eles!

A tolerância é o exercício simultâneo do amor, da humildade e da paciência. Exerça a tolerância e a jornada da vida será muito mais leve.

Em um mundo repleto de tantos conflitos, ofereça sua paz em forma de tolerância!

13 Aprenda a cooperar

A cooperação é sempre a melhor estratégia. Não é à toa que o associativismo e o cooperativismo são os sistemas mais inteligentes e eficientes na integração dos interesses comuns de um segmento.

Não somos todos espontaneamente cooperativos, precisamos aprender a cooperar. **Muitas vezes nos encontramos em posição de não cooperação porque confundimos questões pessoais com o objetivo da cooperação.**

Mesmo que tenhamos diferenças de opiniões, diferenças políticas ou outros conflitos, precisamos entender que o objetivo da cooperação é favorecer a causa comum que nos une.

Não cooperar com uma causa apenas por que você não se identifica com a pessoa que a propôs ou com o grupo que lidera a iniciativa não é uma atitude lúcida.

Precisamos olhar com isenção para o valor da ideia e o benefício que ela trará para todos e não ficarmos presos a questões particulares vinculadas ao ego e à vaidade.

Uma ideia é boa quando agrega valor, quando transforma para melhor. Não importa quem a originou; o importante é se ela pode ou não contribuir com o sucesso do grupo, time, equipe, empresa, cooperativa, associação etc.

Pessoas cooperativas estão predispostas a auxiliar e nunca a dificultar as decisões e atitudes. Quando cooperamos, nos colocamos a favor do que é melhor e não contra o que difere de nossas opiniões pessoais. As divergências só podem tornar as coisas melhores se as utilizarmos de maneira construtiva.

Cooperar é sempre a melhor estratégia; quem coopera sabe...

14 Demonstre esforço extra

Esforço extra é tudo o que você faz além daquilo que se esperava que você fizesse; é dedicação adicional!

Quando você faz algo além do esperado, evidencia seu verdadeiro valor. Por isso, trabalhe para superar expectativas, faça além do óbvio. Não se dê por satisfeito em ser bom; busque ser ótimo. Se você faz as coisas bem, faça-as ainda melhor.

Esforce-se mais que os outros, esforce-se mais do que você já se esforçou anteriormente.

Sabe o que Pelé, Ayrton Senna, Leonardo da Vinci, Deborah Colker e Fernanda Montenegro têm em comum? Todas essas pessoas são geniais em suas áreas porque se esforçaram muito mais que outras pessoas também talentosas.

Elas se dedicaram profundamente e, ao fazer isso na busca pela própria excelência, foram reconhecidas e tornaram-se referências.

Torne-se também uma referência na vida e no trabalho!

O mundo valoriza as pessoas que fazem a diferença. Muito mais importante do que aquilo que você faz é a maneira como você faz!

Não entregue ao mundo apenas o que ele pede a você; vá além, dedique-se mais.

Onde as pessoas comuns se dão por satisfeitas, aí começa seu trabalho...

15 Aprenda com as críticas

Há dois tipos de crítica: a destrutiva e a construtiva. Devemos aprender com as duas.

Uma crítica é destrutiva quando tem por finalidade desestruturar, ferir, magoar ou desorientar. É uma arma muito utilizada por pessoas presas aos processos de inveja, ciúme e maldade. Há pessoas que ainda não descobriram a presença de Deus em si e no próximo.

Mesmo nesses casos, ouça atentamente a crítica. Lembre-se de que alguém, na tentativa de magoá-lo, pode, ainda assim, dizer-lhe uma verdade. Seus oponentes podem ser pessoas inteligentes, e a crítica, apesar de maldosa, conter elementos verdadeiros.

Concentre-se naquilo que a crítica pode trazer de bom e não na intenção maldosa de quem o critica de maneira destrutiva. Pessoas superiores reagem de maneira superior!

Uma crítica é construtiva quando tem por finalidade contribuir com nosso aperfeiçoamento. Nesse caso, quem o está criticando vai sempre lhe apontar uma deficiência (fraqueza) ou falta de eficiência (uma força que não está sendo plena ou corretamente utilizada).

Diante de críticas construtivas, o procedimento é simples. Ouça com toda a atenção, independentemente de suas impressões e julgamentos com relação ao autor da crítica.

Seja grato às críticas construtivas: elas são sempre um convite ao aperfeiçoamento e um poderoso remédio contra a vaidade.

Em algumas situações, uma crítica construtiva poderá vir em péssima "embalagem" – muitas pessoas não sabem escolher a melhor maneira e o melhor momento para dizer as coisas. Preste mais atenção ao conteúdo da crítica que em sua forma.

Quem se mantém aberto a críticas recebe mais apoio, *feedback* e orientação e cresce mais rápido!

16 Seja ético

A palavra “ética” deriva da forma grega *ethos*, que significa caráter. Embora existam várias abordagens para ética, sua prática estabelece as atitudes que correspondem ao bem para o indivíduo e para a sociedade.

O código de ética de uma sociedade ou de uma empresa estabelece a natureza dos deveres no relacionamento entre os indivíduos e a sociedade.

O não cumprimento do código de ética pode resultar em sanções aplicadas pela empresa ou entidade profissional, como demissão, destituição, censura pública e suspensão temporária ou definitiva do direito de exercer a profissão.

O código de ética de uma empresa define sua maneira de ser e o conjunto de atitudes esperadas para todos seus colaboradores.

Alguns valores éticos imprescindíveis nas empresas:

- Lealdade
- Transparência
- Responsabilidade
- Honestidade
- Sigilo
- Prudência
- Compreensão
- Imparcialidade
- Solidariedade
- Respeito
- Integridade
- Comprometimento

A conduta ética é uma expressão do caráter do indivíduo e, portanto, é de alta relevância em sua avaliação, sobrepondo-se a suas competências técnicas. Profissionais éticos possuem, em seu caráter e histórico de carreira, seu maior patrimônio.

Quando vivemos de maneira ética, somos sempre os principais beneficiados, pois nossa vida estará pautada em princípios nobres e experiências altamente significativas. Na ausência de ética, nenhuma "conquista" vale a pena. **A ética nos concede o merecimento da vitória!**

17 Eleve a autoestima

Autoestima está no topo da lista das competências essenciais para vencer e possuir qualidade de vida. É o conjunto de crenças e atitudes que você tem em relação a si mesmo, formadas a partir de você e, também, da opinião dos outros – especialmente das pessoas que você mais valoriza.

Autoestima é como você avalia seu nível de adequação e aceitação diante dos desafios da vida!

Autoestima e autoconhecimento caminham juntos. Para elevar a autoestima, temos que vencer o medo e a preguiça que nos impedem de nos conhecer melhor. Descubra que você pode e deve amar e respeitar a si mesmo, independentemente das virtudes e defeitos atuais.

Lembre-se:

- Você não é como pensa ser ou como os outros pensam que você é: dedique-se a se conhecer de verdade.
- Compare-se com seu próprio potencial, não com o dos outros.
- Aprenda a exigir de si na medida certa – nem menos nem mais que o possível.
- Narcisismo, ego inflado e excesso de autopromoção jamais serão sinais de autoestima – são sinais de patologia psicológica.
- Compreenda que as opiniões dos outros, mesmo as das pessoas que você mais respeita, são apenas opiniões.
- Seja humilde para consigo mesmo – não se autopromova nem se autodestrua: eduque-se!

Autoestima, em síntese, é uma autoavaliação, é como você percebe seu próprio valor. **Valorize-se, eleve a autoestima fazendo as mudanças necessárias para que você possa se avaliar melhor.**

18 Aprimore sua resiliência

Quanto maior a pressão no mundo dos negócios, mais a capacidade de suportar pressões e retornar rapidamente ao equilíbrio é valorizada. Isso é resiliência e consiste na capacidade de atravessar experiências adversas sucessivas sem comprometer nossa condição de prosseguir e nos desenvolver.

Essa postura requer energia e equilíbrio emocional e, portanto, autoestima e autoconfiança.

Nosso grau de resiliência é uma consequência da boa estruturação de nosso universo interior e depende dos vínculos que estabelecemos com a vida e com as pessoas mais significativas que dela participam.

A vida nos coloca frente a frente com situações adversas e, muitas vezes, traumáticas. Por isso, as pessoas que desenvolvem comportamentos vencedores conseguem transformar dificuldades em oportunidades de crescimento e prosseguir em situações em que as demais costumam ficar emocionalmente abaladas. Ser resiliente é superar dores e dificuldades, extrair lições dos sofrimentos e seguir fortalecido. Quanto maior for nosso nível de consciência, maiores serão nossas possibilidades de agir assim.

Em vez de ficarmos focados no que a vida está fazendo conosco, devemos nos dedicar a compreender o que podemos fazer com o que a vida está nos oferecendo.

O mundo é dos fortes! E fortes são aqueles que superam corajosamente as dificuldades e obstáculos, recomeçando e aprendendo continuamente, sem jamais esmorecer.

Quanto maior for nossa resiliência, maiores serão nossas condições para o desenvolvimento pessoal e profissional, a motivação e a capacidade de superar situações tensas e complexas.

Como dizia Machado de Assis: "A arte de viver consiste em tirar o maior bem do maior mal".

19 Saiba escutar

Existe uma importante diferença entre escutar e ouvir. Em geral, ouvimos muito, mas escutamos pouco. Ouvir é função da audição – podemos ouvir, mas não prestar atenção. Se logo depois de ouvir algo não conseguimos reproduzir a mensagem, ouvimos, mas não escutamos. Quem escuta, ouve, mas quem ouve não necessariamente escuta. Daí o ditado popular: "Entrou por um ouvido e saiu pelo outro".

Escutar dá trabalho porque consiste em ouvir com atenção e demanda concentração, interpretação, avaliação e reação. **Escutar é "ouvir atentamente"; portanto, é um processo seletivo.** Escutamos com maior facilidade aquilo que nos interessa, e desconsideramos (ouvindo sem escutar) aquilo que julgamos desnecessário, contrário aos nossos interesses, ou que não nos cativa.

Escutar requer um esforço consciente. Para escutar bem, devemos valorizar o que os outros têm a dizer e prestar total atenção ao que está sendo dito (inclusive nas "entrelinhas"). Como dizia Peter Drucker: "O mais importante é escutar o que não está sendo dito".

Falta de humildade (acreditar que sabemos tudo sobre o tema), arrogância (acreditar que não ganhamos nada em ouvir o outro), concentração deficiente, preconceitos e distrações prejudicam gravemente nossa capacidade de escutar.

Não interrompa o outro e não comece um "diálogo interior" antes de escutar tudo atentamente. Se começar a defender internamente seu ponto de vista enquanto o outro fala, passará somente a ouvi-lo e deixará de escutá-lo. Não prejulgue o que está escutando. Escute tudo primeiro, depois reflita, e só então tire suas conclusões. Certifique-se de que escutou e não apenas ouviu, cheque os pontos mais importantes, verifique o que você absorveu de fato.

Saber escutar tem impacto decisivo na carreira e na qualidade dos relacionamentos. Pessoas que têm dificuldade em escutar apresentam sempre menor produtividade no trabalho e dificuldades nos relacionamentos. Saber escutar é uma grande virtude e uma competência essencial!

20 Comunique-se bem

Comunicar significa tornar comum, compartilhar; e é graças a esse compartilhamento que a vida existe e se mantém. Vida é sinônimo de comunicação. Nossas células se comunicam, nossos órgãos se comunicam, nossa mente comunica-se consigo, com o próximo e com o universo...

Nenhum de nós pode viver isoladamente, precisamos uns dos outros; e a maneira como nos comunicamos estabelece a qualidade desse relacionamento.

Hoje, os maiores salários pertencem às pessoas com maior competência em comunicação, e ela é apontada como a mais importante ferramenta para o êxito nos relacionamentos e ascensão profissional.

Algumas dicas para comunicar-se melhor:

- Aprenda primeiro a escutar.
- Seja você mesmo, natural e espontâneo, comunicando-se com confiança.
- Seja claro e objetivo, valorize o tempo das pessoas.
- Aprimore sua cultura, vocabulário e fluência verbal.
- Aprenda mais sobre a comunicação não verbal.
- Imprima um ritmo agradável e coeso.
- Envolva seu interlocutor, seja interessante, fale e escreva para ele, considerando o universo dele (crenças, valores, idade, cultura etc.).
- Use empatia para adequar sua comunicação, mantenha o respeito consigo e com o outro.
- Faça perguntas para saber se está sendo compreendido – o que vale é o que o outro entende. Cuidado com ruídos e distorções.

Uma comunicação eficaz diminui a distância entre as pessoas e as aproxima de seus objetivos.

21 Pratique a empatia

Viver é relacionar-se. Algumas pessoas são alfabetizadas emocionalmente e, graças à maturidade adquirida, utilizam a inteligência emocional e a habilidade interpessoal para relacionarem-se melhor com as pessoas. Outras agem como analfabetos emocionais: não atingiram um estado de maturidade emocional e agridem as outras pessoas com sua forma de se relacionar.

Uma das maiores características da inteligência emocional é a capacidade de exercitar a empatia, ou seja, compreender o que o outro está vendo e sentindo – da perspectiva dele, não da nossa.

Não é colocar-se no lugar do outro como sendo você na "pele" dele; é perceber como o outro está vendo e percebendo as coisas, pela perspectiva dele, com suas crenças, valores e história de vida.

Somos empáticos quando buscamos compreender a realidade do outro, respeitando-o como ele é e não como achamos que deveria ser.

Empatia não é simpatia, não basta sermos educados e agradáveis, é necessário exercitar o respeito e a aceitação. Agir de maneira empática abre as portas para o convívio harmonioso entre pessoas muito diferentes.

A empatia é essencial em todas as relações pessoais e profissionais. É impossível realizar um bom atendimento sem empatia e, em sua ausência, o trabalho em equipe fica gravemente comprometido.

Pratique a empatia. Não pense no que você faria e sentiria se estivesse no lugar do outro: dedique-se a compreender o que de fato ele está sentindo e fazendo. Dedique-se a compreender por que as coisas são assim para ele.

Ao agir com empatia, humanizamos as relações e ganhamos credibilidade, respeito e reciprocidade.

A empatia torna sua vida mais rica e sua carreira, mais próspera. Somente compreendendo melhor as pessoas você poderá produzir mais e melhor com elas.

22 Contagie com bom humor

Ter bom humor não significa tentar ser engraçado. Muitas pessoas tentam ser engraçadas e acabam piorando as coisas. O humor deve ser usado com moderação, para aliviar tensões, não para criá-las.

Bom humor é muito mais a disposição de encarar as coisas de maneira leve, descontraída e positiva do que ser engraçado.

É um estado de espírito; por isso, ser espirituoso é fundamental. O bom humor faz bem à saúde, favorece o aprendizado e é matéria-prima de bons relacionamentos, produtividade e criatividade. Ele aproxima as pessoas e demonstra humildade, sinceridade e disponibilidade, sem com isso nos tornar vulneráveis.

A prática do bom humor reduz o estresse negativo, colabora com a autoestima e diminui as tensões no trabalho e na vida pessoal.

Quanto mais focadas em resultado se tornam as empresas, mais elas procuram atrair talentos bem humorados. Eles energizam as outras pessoas e estimulam o pensamento inovador. A maioria dos bem humorados encontra respostas mais rápidas e originais.

Agindo com bom humor, estimulamos a imaginação, a convivência saudável e um clima positivo no ambiente de trabalho.

O bom humor é uma excelente maneira de dizer coisas sérias de forma leve, mas não deve ferir nem causar constrangimento.

O pior dos dias é sempre aquele em que não houve risos. No caminho para o trabalho, sintonize seu coração com a alegria; deixe a mente aberta, com a atitude interior de contagiar as pessoas a tornarem o dia especial!

Bom humor é a característica dos que estão de bem com a vida e convidam os outros a fazerem o mesmo!

O bom humor é contagiante! Contagie e deixe-se contagiar.

23 Amplie suas forças

Descubra seus pontos fortes e dedique-se a torná-los extraordinariamente fortes.

Pessoas que focam em suas fraquezas tornam-se ainda mais fracas. Os fortes focam em suas forças.

Veja a seguinte fábula:

Correu na floresta um boato de que muitos caçadores iriam atacar. Cada animal tratou de se preparar para a sobrevivência, treinando suas competências naturais.

À noite, um pássaro, um coelho, um peixe e um pato reuniram-se para conversar.

O pássaro disse:

— Estou na minha melhor forma! Nenhum caçador conseguirá me pegar, voo como um avião...

— Eu estou correndo mais que um queniano, ninguém me pega – disse o coelho.

— Ninguém nada melhor que eu. Não me pegarão – disse o peixe.

O pato, arrogante, disse: – Como vocês são limitados! Eu faço as três coisas: voo, corro e nado.

Chegam os caçadores. O pássaro, o coelho e o peixe conseguem escapar usando suas forças. Mas o pato, que tinha todas as habilidades em potencial, não se dedicou a desenvolvê-las e fortalecê-las. Foi o jantar dos caçadores.

Amplie suas forças. Não é a quantidade que faz a diferença, é a qualidade delas!

Esse era sempre o conselho de Peter Drucker: treine seus pontos fortes para que eles se tornem incrivelmente fortes.

24 Diminua seus pontos fracos

Embora devamos sempre focar em nossos pontos fortes, não significa que devemos esquecer nossos pontos fracos; isso seria ingenuidade. **O conselho é: primeiro aumente suas forças e, na sequência, busque diminuir suas fraquezas.**

Podemos e devemos fortalecer as competências que já possuímos e adquirir outras importantes que ainda nos faltam. Nunca teremos todas as competências, e as que possuirmos nunca estarão todas no mesmo nível; o que importa é o saldo positivo na avaliação de nossas forças e fraquezas.

Para melhorar esse saldo, reconheça quais são seus pontos fracos e dedique-se imediatamente a diminuir os que impactam mais negativamente sua vida e sua carreira. Sempre que identificar um ponto fraco, pergunte-se o que você pode fazer para diminuí-lo ou eliminá-lo.

Toda competência se fortalece com a aquisição de conhecimento e com a prática constante. Da mesma forma, a busca por conhecimentos que ainda não possuímos e a dedicação à prática de atividades que não dominamos diminuem nossas fraquezas.

Somente o conhecimento, a dedicação e a prática podem aumentar as forças e diminuir as fraquezas. Daí a importância da participação em cursos, treinamentos, workshops e palestras, da realização de novas leituras, da busca por novos relacionamentos e oportunidades.

Não se contente apenas com suas forças; trabalhe para diminuir suas fraquezas; busque aprimorar-se nos dois sentidos. Nossas fraquezas nos impedem de sermos ainda mais fortes!

Forte é aquele que reconhece suas fraquezas; sábio é aquele que trabalha para eliminá-las!

25 Apaixone-se pela vida e pelo trabalho

Paixão e amor são coisas diferentes, mas não são excludentes. A paixão, quando é baseada na realidade, amadurece e, com o tempo, se torna amor.

A paixão é um estado intenso, repleto de energia e vontade de prosseguir, sejam quais forem as circunstâncias. É um momento no qual estamos com todo o combustível.

Paixão é um estado de entrega prazerosa; nela olhamos tudo por seus melhores ângulos, vemos as qualidades muito mais que qualquer defeito.

Por isso, profissionais apaixonados são apaixonantes, cativam seus colegas, clientes e fornecedores.

Pessoas apaixonadas pela vida estão sempre motivadas, entusiasmadas, buscando realizar seus sonhos.

Reconhecemos essas pessoas pelo brilho no olhar e por sua disposição imediata em fazer mais e melhor, e viver de maneira intensa.

Pessoas apaixonantes iluminam por onde passam, cativando a todos.

Apaixone-se pela vida e pelo trabalho, buscando encontrar prazer nas mínimas atividades que realizar, procurando sempre o melhor que elas possam oferecer.

Quanto mais coisas fazemos e mais sucesso conseguimos, mais nos apaixonamos por elas.

Apaixone-se e torne-se apaixonante!

26 Utilize melhor o tempo

O tempo é o maior capital que possuímos. **Nem o capital financeiro nem o capital intelectual podem ser gerados se perdermos tempo.**

Do ponto de vista comportamental, são inúmeras as questões envolvidas com o problema da gestão do tempo. Mas, sem dúvida, entre as principais estão:

- o adiamento crônico (deixar sempre para amanhã o que pode e deve ser feito hoje);
- a precipitação (tendência de querer fazer hoje o que não deveria ser feito hoje); e
- a priorização hedonística (tendência de fazer primeiro o que nos causa maior prazer).

Reflita um pouco sobre cada uma dessas três questões e como elas estão impactando sua gestão do tempo. Verifique que mudanças imediatas você pode fazer sobre cada uma delas com o objetivo de utilizar melhor seu tempo.

Quando sentimos que não estamos tendo tempo para nada, isso é um sinal de que não estamos administrando corretamente nossas atividades. É o momento de aprendermos a utilizar melhor o tempo.

Uma melhor utilização do tempo em suas atividades profissionais, além de proporcionar melhorias em sua produtividade e excelência, significará, também, poupar tempo para atividades pessoais essenciais, como família, saúde e lazer.

Entenda o tempo como sinônimo de vida. Quando dizemos que estamos "matando o tempo", estamos "matando a vida". Quando dizemos que estamos "jogando tempo fora", estamos "jogando vida fora". Assim, aproveite o tempo para aproveitar a vida. Invista na qualidade com que você o utiliza e tenha tempo para tudo.

Como diziam os romanos: *carpe diem* (aproveite o dia).

27 Produza mais e melhor

Resultado é a palavra de ordem nas empresas, e é por meio dele que você é avaliado e promovido. **Não adianta possuirmos um enorme potencial se apresentarmos um resultado igual ou menor que o esperado.**

Pessoas que apresentam um resultado igual ao esperado são consideradas bons profissionais, mas não se diferenciam; afinal, cumprem exatamente o que se espera delas.

Pessoas com resultado abaixo do esperado estão apenas esperando para serem substituídas, estão na categoria das que, além de não fazerem a diferença, prejudicam a produtividade de seus colegas.

A velocidade de uma equipe é a velocidade de seu colaborador mais lento. Essa pessoa trava o processo e diminui as vantagens obtidas por aqueles que produzem mais e melhor. A velocidade de uma empresa é a velocidade de seu departamento menos eficiente, pois ele impacta negativamente a produtividade total.

Um dos indicadores para sabermos se um profissional ou uma empresa estão em crescimento é a produtividade. Não podemos observar somente os aspectos quantitativos; o desafio não é apenas produzir mais, é produzir mais e melhor. O aspecto qualitativo é fundamental!

Quando queremos produzir mais e melhor, precisamos ampliar nosso conhecimento, aprimorar nossos processos e desenvolver atitudes mais eficazes. Pessoas melhores resultam em profissionais melhores e mais produtivos.

Dedique-se a encontrar caminhos para produzir mais e melhor.

Esse é um dos melhores caminhos para ser notado e valorizado na empresa.

A qualidade do que você produz evidencia a qualidade que você possui. Sua obra, sua alma!

28 Não corra riscos, assuma os riscos

É comum as pessoas dizerem que temos que correr riscos. Isso é um grave engano!

Só os amadores correm riscos. Profissionais assumem riscos!

Não confunda ousadia e capacidade de assumir riscos com imaturidade, precipitação e coragem patológica.

Correr riscos é coisa de amadores. Devemos agir da maneira o mais profissional possível. Correr riscos significa agir sem ter as informações necessárias para a tomada de decisão e sem o planejamento necessário para colocar em prática as atitudes que nos levarão ao sucesso.

Assumir riscos significa conhecer o tamanho do risco e considerar seu fôlego para enfrentá-lo. É uma atitude inteligente baseada na razão e no conhecimento. Assumir riscos é enfrentá-los de maneira calculada.

Claro que isso não significa que, ao calcular os riscos, você saiba absolutamente tudo sobre eles. A vida é dinâmica e muitas coisas podem acontecer, ampliando as consequências de um risco, mesmo quando calculado.

Assumir riscos calculados pressupõe que você analise pelo menos três cenários: aquele que você espera que aconteça, o pior que pode acontecer e o que pode acontecer acima de suas melhores expectativas.

Prepare-se para enfrentar qualquer um dos três cenários: as coisas quase nunca acontecem exatamente como nós esperamos.

Quando subestimamos os riscos, superestimamos as margens de erro.

Não se permita correr riscos; conheça-os, reflita sobre eles e assuma-os de forma consciente.

29 Planeje para vencer

Você não arriscaria sua vida embarcando em um avião que não tivesse sido detalhadamente planejado e construído. Por que, então, você arriscaria sua vida e carreira sem planejá-las?

Não planejar é permitir o fracasso!

Muitas pessoas desconsideram a importância do planejamento alegando que o futuro é incerto. Para que planejar se tudo vai mudar?

Justamente porque o futuro é incerto, precisamos planejar. Não planejamos para prever o futuro; planejamos para construí-lo e estarmos preparados para os diferentes cenários que possam ocorrer. **A melhor maneira de prever o futuro é inventá-lo.**

O planejamento nos ajuda a vencer os desafios da tomada de decisão, pois fazer uma escolha, necessariamente, implica abandonar outras.

Ao estabelecermos critérios lúcidos sobre a construção do futuro, conseguimos visualizar com maior clareza quais são as melhores escolhas.

O planejamento reduz as possibilidades de erro e nos conduz por caminhos melhores. Quando planejamos, os detalhes ficam cada vez mais claros e passamos a perceber muitas coisas que não havíamos percebido antes. O planejamento amplia nossos horizontes e abre o caminho para o sucesso.

As três perguntas básicas para iniciar um planejamento são:

- Onde estamos e que recursos possuímos?
- Aonde pretendemos chegar?
- Como saímos de onde estamos e utilizamos nossos recursos para chegar lá?

Eisenhower, o trigésimo quarto presidente dos Estados Unidos, declarou: "Preparando-me para as batalhas, sempre descobri que os planos são inúteis, mas planejar é fundamental".

Quando planejamos, estamos ensaiando o futuro. Planeje para vencer!

30 Liberte sua criatividade

Somos mais criativos do que acreditamos ser. O que acontece é que somos muito bons na criatividade espontânea (aquela que acontece de maneira livre, descontraída e imprevisível), e acabamos não sabendo utilizá-la tão bem quando realmente precisamos dela.

O que nos falta não é criatividade, mas aprender a usá-la quando precisamos e não apenas quando ela surge espontaneamente.

Criar é manifestar, colocar para fora, tornar real aquilo que existe apenas no pensamento. As chaves para isso são a curiosidade, o questionamento, a mente aberta e a experimentação. Quanto mais você se interessar por diversos assuntos e mantiver-se aberto para aquilo que não é comum ou normal para você, mais matéria-prima fornecerá para sua criatividade.

Estimule sua criatividade: mantenha-se alerta e interessado pela vida, pelas pessoas e por tudo o que você ainda não conhece; dedique-se a fazer coisas diferentes, conhecer pessoas e situações diferentes; tente coisas que você nunca tentou antes; não censure ideias aparentemente impossíveis; permita-se errar na tentativa de acertar; cobre-se menos; reinvente as regras; misture conhecimentos de diferentes áreas; liberte-se de preconceitos; e, fundamentalmente, acredite em seu potencial criativo.

Não permita que a falta de estímulo ou reconhecimento limite sua criatividade. Quando pensamos diferente, nem sempre somos imediatamente compreendidos.

Ser criativo é uma maneira especial de lidar com a vida e os acontecimentos. Pessoas criativas são mais felizes porque conseguem extrair sempre, de todas as situações, os fatos mais positivos.

Pessoas criativas estressam menos e tornam o ambiente de trabalho prazeroso e produtivo.

Criatividade é a capacidade de ver o que todo mundo vê, mas com olhos diferentes!

31 Seja agente da mudança

A mudança possui duas faces. A primeira é a do desejo pelo novo, que sempre existe (mesmo nas pessoas que dizem que não). Mas, muitas vezes, ele não é forte o suficiente para vencer a outra face – a resistência.

Frequentemente, o desejo de mudar é sufocado pelos hábitos já adquiridos. Quando tentamos implantar mudanças, a face da resistência sempre aparece firme e forte na tentativa de defender o estado anterior das coisas. Temos dificuldade de abandonar nossa zona de conforto e enfrentar os aspectos desconhecidos trazidos pela mudança. Mudar exige esforço, disciplina e coragem.

A mudança só será implantada se formos persistentes o suficiente para criar novos hábitos. **Mudar é um processo, não é apenas uma decisão.**

Mudanças podem ocorrer por dois caminhos: necessidade ou iniciativa. O primeiro deles costuma ser doloroso e incômodo; o segundo, automotivado e planejado.

Para ser agente da mudança, considere:

- Mudanças se conquistam, não se impõem.
- Mudança é processo e não decreto.
- Os mais sábios mudam mais cedo.
- É preciso oferecer condições para tornar a mudança o menos traumática possível e mais efetiva.
- Na vida, algumas mudanças serão traumáticas – não há como evitar!
- Mudar é um processo inteligente e é preciso inteligência para mudar.
- Só podemos estar em duas posições com relação à mudança: procurando conduzi-la de forma organizada e consciente ou sendo arrastados por ela. Busque sempre a primeira, seja agente da mudança.

Reflita sobre os benefícios que a mudança oferece. As possibilidades em nossa vida aumentam ou diminuem na proporção de nossa coragem de mudar.

Não resista, seja parceiro da mudança, ela é um convite à evolução.

32 Simplifique

A grande genialidade na vida consiste em transformar o que é complexo em algo simples.

Não devemos confundir simplicidade com simplismo.

Simplicidade é tornar as coisas acessíveis e descomplicadas sem que elas percam o significado, os detalhes ou a profundidade.

O simplismo é a falta de cuidado e seriedade ao tratar qualquer aspecto da realidade. É uma aproximação pobre da realidade, perde os detalhes e a profundidade das coisas.

O custo da complexidade é muito alto.

A complexidade pode conduzir à ineficiência e emperrar o andamento de projetos e negócios.

Sempre que estiver realizando seu trabalho, pergunte-se: Há outra forma de fazer isso que seja igualmente eficaz e muito mais simples?

A vida profissional pode ser menos complicada e mais eficaz. A simplicidade permite fazer mais, melhor e mais rápido, pois torna simples o que é complexo e nos permite trabalhar mais inteligentemente.

Comece desmitificando a complexidade das coisas e observando que é sempre possível facilitá-las. Simplifique os processos, as tarefas, comunicações, *e-mails*, memorandos, relatórios e tudo o que estiver a seu alcance.

Enquanto os outros reclamam das dificuldades e complexidades, seja sempre aquele que simplifica. Simplificar também é agregar valor!

Simplifique tudo que for possível!

33 Inove

Inovação é a competência de visualizar e aproveitar oportunidades, agregando valor e incrementando os negócios.

Criatividade e inovação são diferentes.

Uma ideia pode ser criativa, mas não ter utilidade no mundo dos negócios. A criatividade não possui compromisso obrigatório com a geração de valor para o negócio. Isso é função da inovação, que responde como a principal responsável por gerar novas vantagens competitivas.

As empresas estão repletas de pessoas criativas, mas nem sempre inovadoras; elas têm muitas ideias, fazem muitas coisas diferentes, mas não agregam valor efetivo aos negócios.

Inovar significa trazer o novo à tona, fazer o que ainda não foi feito ou fazer o que já foi feito de uma forma que traga muito mais valor que a anterior. **Inovar é transformar!**

Nos negócios, as recompensas vêm sempre para aqueles que materializam suas ideias, transformando-as em processos, produtos e serviços de maior valor agregado.

A criatividade cria, mas só a inovação realiza o lucro e revitaliza o negócio. INOVE. Olhe com olhos de oportunidade para tudo em seu redor.

Profissionais inovadores obtêm maior destaque na empresa e no mercado. **Procure sempre novas e melhores maneiras de agregar valor. Não se contente com as coisas como elas são. Não seja apenas criativo: agregue valor, inove!**

Pergunte-se sempre: Como posso tornar isso melhor, mais interessante e mais valioso?

Enquanto os inovadores constroem um novo mundo, os outros apenas sonham com um mundo melhor!

34 Seja assertivo

Assertividade é, frequentemente, relacionada a acerto; daí tanta confusão com o conceito.

A assertividade é uma postura comportamental diante das pessoas e de situações cotidianas. Não está ligada ao que é certo ou errado; está ligada a nossa maneira de expor e defender nossas posições.

Ser assertivo é ser firme e direto sem sentir ou causar constrangimentos. É uma capacidade de se afirmar de maneira clara, objetiva e transparente, sem delongas.

Quem não assume suas posições com autenticidade não é assertivo; é o tipo de pessoa que fica dando voltas e não se posiciona nitidamente.

Quem assume suas posições com agressividade não é assertivo; é agressivo. A assertividade é uma postura decidida, mas não agressiva. Use palavras suaves e argumentos fortes.

Pessoas assertivas vão direto ao ponto, mas com tato. Elas resistem às tentativas de manipulação e se posicionam de maneira firme, decidida e convincente, sem ser autoritárias ou prejudicar relacionamentos.

Pessoas assertivas são diretas sem ser rudes; utilizam sua força moral, a qualidade de seus argumentos e sua capacidade de síntese para ir direto ao ponto, sem rispidez.

Assertividade, autenticidade e transparência caminham juntas, mas devem sempre ser orientadas por um profundo respeito às outras pessoas.

Para ser mais assertivo, eleve a autoestima, desenvolva a autoconfiança, pratique a empatia e a objetividade.

Pessoas assertivas demonstram credibilidade e são percebidas como altamente significativas em função de sua autenticidade, objetividade e habilidade de argumentação.

Assertividade demonstra maturidade e segurança!

35 Conquiste credibilidade

Credibilidade é a característica das pessoas dignas de crédito, ou seja, das pessoas em quem podemos confiar.

Conquistamos credibilidade através do tempo, em relacionamentos caracterizados por atitudes sucessivas e suficientes para demonstrarem a qualidade de nosso caráter e profissionalismo.

A credibilidade é extremamente valorizada na vida e nas empresas, pois fornece segurança às pessoas que trabalham e convivem conosco, e nos confere o status de pessoas responsáveis e competentes.

A credibilidade é construída por um amplo conjunto de atitudes, entre as quais vale destacar: honestidade, humildade, integridade, lealdade, pontualidade, transparência, dignidade, assertividade, competência profissional, coleguismo, ética e constância, entre outras.

Quando as pessoas confiam em você, dão crédito a suas ações futuras. Com base em seu comportamento anterior, elas se sentem confortáveis para acreditar em suas idéias e propostas. Elas confiam nos frutos de suas ações.

Para construir uma reputação de alto profissionalismo que nos conceda o aval da credibilidade, devemos ser extremamente responsáveis em tudo o que fazemos. **Nossas atitudes diante das pequenas coisas predispõem as pessoas a imaginarem como nos comportaremos diante dos fatos realmente importantes.**

Se você prometeu, cumpra; se falou, assuma; se falhou, conserte; se estava enganado, reconsidere.

A credibilidade constrói os caminhos por onde você vai passar – eles precisam ser sólidos.

Credibilidade é sua reputação. E sua reputação é tudo!

36 Seja flexível

A flexibilidade é uma das melhores estratégias de sobrevivência na vida e nos negócios. Ser flexível é um poderoso diferencial na busca pela concretização de objetivos.

Como exemplifica a filosofia chinesa: em noites de tempestade, as árvores rígidas são as primeiras a quebrar, ao passo que as flexíveis se curvam e deixam o vento passar...

Negócios e relacionamentos "morrem" por ausência de flexibilidade e "nascem" em sua presença.

Felicidade, prosperidade e sucesso não combinam com rigidez. Quanto mais rígida é uma pessoa, maiores serão seus sofrimentos. Rigidez representa problemas na personalidade, ao passo que flexibilidade é característica das pessoas bem resolvidas.

O chamado "jogo de cintura" é um exercício de flexibilidade e diplomacia; com ele podemos resolver as situações mais difíceis e complexas. Afinal, no ambiente empresarial, cada talento deverá adequar-se a diferentes tarefas e departamentos, e seu grau de flexibilidade determinará sua capacidade de adaptação e sucesso.

Em um mercado altamente competitivo, exigente e sedento por inovações, somente uma postura flexível nos permitirá a agilidade e a adaptabilidade necessárias para vencer. A ausência de flexibilidade diminui incrivelmente suas possibilidades de liderança à frente de equipes e projetos relevantes.

Ser flexível não significa perder sua autenticidade, cedendo a tudo e a todos. Significa procurar entender, negociar e adaptar-se às circunstâncias, mesmo quando elas contrariam seus interesses e pontos de vista.

Flexibilidade é a capacidade de adaptar-se positivamente à mudança, ajustando suas atitudes de acordo com as mais diferentes e conflitantes situações apresentadas pelo cotidiano. Seja flexível!

37 Lidere

A liderança é uma situação espontânea na relação entre os seres vivos; até os animais irracionais escolhem seus líderes. Quando duas pessoas se relacionam, uma sempre assume a liderança.

Na vida, ou você lidera ou é liderado. O mais comum é que alternemos situações: lideramos em umas, somos liderados em outras.

Liderar não é uma obrigação, mas é uma fantástica oportunidade que jamais devemos desperdiçar. Se você possui condições para liderar e não o faz, está se omitindo e privando outras pessoas de se beneficiarem de suas contribuições como líder. Liderança é uma competência e, como tal, pode ser desenvolvida e aperfeiçoada.

Observe como, em momentos de crise, os líderes se apresentam espontaneamente, motivados pela necessidade de fazer imediatamente o que deve ser feito. Utilizando o exemplo e a confiança, agem prontamente e cativam as pessoas para o ajudarem na missão. Os líderes percebem primeiro o que deve ser feito e orientam quais serão os caminhos para fazer as coisas acontecerem.

Líderes conquistam cada pessoa para dar o melhor de si em proveito de todos; estabelecem uma causa coletiva, um sonho comum que possui profundo significado para todos.

Líderes inspiram, motivam, orientam, envolvem e, sobretudo, comprometem-se primeiro e mais intensamente. Um líder faz que as pessoas, mesmo as mais geniais, cheguem aonde não chegariam sozinhas!

Neste exato momento, há algo importante que precisa ser feito. Não se omita, lidere!

38 Aprenda a negociar

A capacidade de negociação é vital para desenvolver uma carreira de sucesso nos dias atuais.

Pessoas maduras sabem que a vida não é feita de imposições, é feita de conquistas. Negociar bem permite conquistar aceitação em favor daquilo que compreendemos ser justo.

Às vezes, as pessoas são tendenciosas e observam somente aquilo que é bom e interessa a elas. Muitas fazem isso sem perceber; outras, de maneira intencional. Se formos bons negociadores, conseguiremos compatibilizar objetivos e encontrar soluções que atendam da melhor maneira às necessidades de todos os envolvidos, estabelecendo uma relação ganha-ganha.

Aprender a fazer negociações cooperativas nos permitirá ter êxito em áreas em que a imensa maioria das pessoas falha com extrema frequência.

Saber negociar é uma competência essencial. Ela nos permite vender mais e melhor; apresentar o valor de maneira mais clara e objetiva; diminuir e vencer objeções; e saber o momento exato em que devemos ou não fazer concessões.

Quando aprendemos a negociar, passamos a compreender melhor o estilo de comportamento das outras pessoas enquanto defendem seus interesses e saberemos como respeitá-las sem abrir mão do que é essencial para nós.

Um bom negociador aprende a lidar com pessoas difíceis em situações difíceis e aprimora sua capacidade de argumentação e persuasão.

Negociação é estratégia e técnica. É preparação, não improviso. É saber lidar estrategicamente com as informações visando compatibilizar os objetivos das partes.

Aprender a negociar é um dos passos mais importantes para crescer em sua carreira profissional.

39 Utilize marketing pessoal

O marketing pessoal não é um culto ao ego ou à vaidade, é uma necessidade profissional.

Da mesma forma que grandes marcas, produtos e empresas continuam precisando de marketing para serem continuamente lembradas e reconhecidas, você também deve utilizar marketing pessoal com a mesma finalidade.

Excelentes profissionais têm seu reconhecimento subestimado pelo mercado por deixarem de lado esse importante aspecto.

Descubra os pontos mais marcantes de sua personalidade: sua maneira de se comunicar, sua alegria, seu bom senso, sua competência etc. **Foque a "divulgação" desses pontos marcantes; eles serão para você o que uma marca é para uma empresa.** Com o tempo, sua "marca pessoal" ficará conhecida, valorizada e desejada.

Mostre seu lado solucionador de problemas. Sempre que surgir uma dificuldade, pergunte-se: "O que eu posso fazer por isso?". Sempre que você ajudar a resolver um problema estará gravando sua marca individual na lembrança das pessoas.

O marketing pessoal tem o poder de transformar o talento em oportunidades. Até mesmo uma pessoa genial, sem marketing pessoal, será um gênio desconhecido.

Não devemos confundir humildade com anonimato. É perfeitamente possível ser reconhecido por seus valores humanos e profissionais sem, com isso, perder a humildade.

Todos nós temos uma contribuição humana e profissional para oferecer ao mundo. Quanto maior o número de pessoas para as quais possamos oferecer nossas contribuições, melhor.

Se você não quer ser esquecido, cuide de ser lembrado: faça um bom marketing pessoal!

40 Construa uma excelente network

Network é uma rede informal de relacionamento formada por pessoas que compartilham informações que atendem a interesses mútuos. É uma poderosa ferramenta estratégica para a evolução da carreira e dos negócios.

Hoje em dia, você não necessita saber as respostas para todas as perguntas, mas precisa conhecer quem sabe!

Lembrando Ernest Hemingway: "Nenhum homem é uma ilha!".

Esta citação faz profundo sentido no mundo dos negócios. Não podemos viver isolados num mundo de interdependência.

O que importa não é o tamanho da sua network, mas sua qualidade. Ela deve ser composta por pessoas de credibilidade e competência.

Conhecer as pessoas certas é mais importante do que conhecer muitas pessoas. A qualidade de seu networking é de vital importância para seu êxito profissional.

Sua network determina as chances de você conseguir informações de qualidade para o processo decisório e realização de tarefas, e amplia as oportunidades de convites e indicações para novos projetos e melhores colocações profissionais.

Construa várias networks ao longo da carreira, dentro e fora da empresa. Cada relacionamento de qualidade que mantemos com pessoas interessantes e competentes em diversas áreas abre novas portas. Por isso, procure conhecer pessoas de variados segmentos de atuação.

Dedique-se a fazer isso continuamente. É um grande erro preocupar-se em estabelecer uma network apenas nos momentos de dificuldade ou crise. **Nossa rede de relacionamentos deve ser construída em momentos de sucesso e prosperidade.**

Mantenha-se conectado!

41 Vença seus medos

O medo sempre o aconselha a desistir. Sempre o convida a fugir do novo, da incerteza e do risco.

Não há sonho, negócio ou profissão no mundo que não exijam enfrentar riscos. Por isso, você não deve se aconselhar com seus medos.

O medo nos foi concedido pela natureza para preservar a vida, não para paralisá-la. Quando o medo nos paralisa, deixa de ser útil e torna-se uma doença.

No cinema, a sombra do monstro é sempre maior que o próprio monstro, e o som que ele emite é muito mais amedrontador que sua capacidade de causar dano. Na vida, é a mesma coisa: a maior parte dos nossos medos é fruto de nossa imaginação, que agiganta as coisas, tornando-as assustadoras.

Assim como existem possibilidades de que algo não dê certo, existem as possibilidades de que dê certo e muito certo.

Quando sentem medo, as pessoas focalizam mais as chances de fracasso que as de sucesso. Elas se esquecem de que tropeçar não é cair.

O número de pessoas que desistem quando tinham real possibilidade de vitória é muito maior do que você pode imaginar. Elas perderam para si mesmas, perderam para o medo de tentar e não conseguir. O medo de perder foi maior que a vontade de vencer. Elas se autossabotaram.

Não há vergonha em perder batalhas na vida, mas deve haver arrependimento por não enfrentá-las. O medo se alimenta de suas fugas e se torna mais forte quanto mais você ouve seus conselhos.

A verdadeira maturidade é fruto da capacidade de suportar as incertezas.

Fale mais alto que sua insegurança; nunca se aconselhe com seus medos! Faça o que você teme e perceberá que nada mais poderá impedi-lo de continuar a vencer.

42 Utilize sua coragem

Conta uma fábula muito antiga que um camundongo sofria intensamente com medo dos gatos, quando encontrou um mágico. Explicou a ele o problema. Sensibilizado com seu sofrimento, o mágico transformou-o em um gato.

Dias depois, o rato, transformado em gato, volta em desespero, dizendo que agora tinha medo dos cães. O mágico, então, o transformou em uma pantera.

Dias mais tarde, o rato, transformado em pantera, retorna a pedir auxílio porque estava com medo dos caçadores. A essa altura, o mágico desistiu. Transformou-o em camundongo novamente e disse:

– Nada que eu faça por você vai ajudálo, porque você tem apenas a atitude de um camundongo!

A coragem não é a ausência de medo. Corajoso é aquele que avança mesmo sentindo medo.

Não se deixe paralisar. Diante de momentos muito importantes ou inesperados, é natural sentir medo. Se você quiser realizar seus sonhos e metas, não poderá ficar imobilizado pelo medo.

Faça como os corajosos: se você sabe para onde está indo, siga em frente, mesmo sentindo medo. **A palavra coragem vem de "coração" e significa: "coração nobre e valente disposto a vencer!".**

43 Ouse ousar

O usadia é a disposição de fazer algo desafiante que exigirá de nós o máximo de dedicação e competência.

Quem ousa tem a coragem de seguir apesar de conhecer o tamanho das dificuldades.

Ousar é assumir os riscos focando em nossas possibilidades de vitória.

Quando ousamos, estamos desafiando nossos limites e buscando situações onde seremos testados em todos os níveis de nossas competências (técnicas, intelectuais, emocionais e espirituais).

Nada de grandioso se fez no mundo sem a presença de ousadia. Os capítulos mais importantes da história foram escritos por pessoas ousadas.

Essas pessoas se tornam especiais por não se contentarem com a mesmice de suas zonas de conforto. Elas precisam ir além, ampliar seus horizontes.

Se lhes faltam recursos, saem em busca deles; se lhes falta conhecimento, buscam intensamente até encontrá-lo. São automotivadas e orientadas para a construção de um futuro melhor.

Muitas pessoas temeram ousar no primeiro momento, mas ainda assim ousaram e, qualquer que tenha sido o resultado inicial, descobriram que somente a ousadia abre os caminhos por onde desejam passar!

Hellen Keller disse que jamais devemos nos contentar em engatinhar se sentimos um impulso para voar.

As pessoas ousadas sempre conquistam as mais significativas vitórias.

Ouse ousar!

44 Tenha energia

Vida é energia!

Empresas não estão interessadas em pessoas cansadas e sem disposição.

A harmonia é fundamental, como diziam os romanos: *mens sana in corpore sano* (mente saudável em corpo saudável).

Vivemos em uma era de muita competitividade e muita pressão; por isso, resistência física, mental e emocional são essenciais.

Precisamos nos dedicar a nós mesmos se quisermos manter altos níveis de energia, cuidando do corpo, da mente e do espírito.

Fortaleça-se nos três níveis. Assim, quando as pessoas estiverem fisicamente esgotadas, você ainda terá fôlego extra. Quando elas estiverem cansadas demais para pensar em soluções, você ainda terá energia de sobra para oferecer novas soluções e ideias. E, quando as pessoas estiverem com raiva ou depressão, você manterá a paz e a vontade de vencer.

Esteja sempre no time das pessoas motivadas e dispostas a fazer acontecer.

Quando os outros demonstrarem cansaço e preguiça, esteja preparado para utilizar toda sua energia e disposição.

Dedique-se a atividades físicas, mentais e espirituais que lhe permitam revitalizar sua energia. Não se esqueça do lazer, das amizades, dos relacionamentos afetivos e da família. Eles são importantes fontes de energia.

Possuir e demonstrar energia constitui grande diferencial competitivo.

Aprenda a alimentar e focar sua energia e você descobrirá que impossível é a palavra que as pessoas sem energia usam para dizer que desistiram...

45 Viva com motivação e entusiasmo

A verdadeira motivação nasce quando você encontra seu papel diante da vida. Ela nasce dos motivos que o levam a agir!

O sentido de sua vida passa por dois caminhos: sua evolução espiritual e o legado que você deixará com sua passagem pelo mundo – essas deverão ser sempre suas maiores motivações.

Claro que existem "prêmios" que fazem parte do lado prático da vida. Assim, um salário maior pode ser um incentivo (lhe dá motivos materiais); um cargo melhor pode ser um incentivo. Mas por quanto tempo?

Aquilo que nós já conquistamos acaba incorporado a nossa vida e facilmente notamos que não é mais o verdadeiro motivo para seguir adiante. Depois de um determinado nível de conquistas, você só segue adiante porque sua alma pede para você continuar. **A motivação somente é verdadeira quando agimos com todo o entusiasmo e dedicação, mesmo quando não há nenhuma recompensa material envolvida.**

Trabalhe pelas causas maiores, não pelas recompensas; considere-as apenas consequências.

Entusiasmo é um especial estado de espírito em que a presença Divina se manifesta em você! Entusiasmo é a Luz do Criador refletida no espelho da sua alma. Ele é o principal pré-requisito para a verdadeira motivação.

Quando a motivação é legítima, os resultados surpreendem e superam as melhores expectativas!

Profissionais motivados realizam as mais profundas contribuições em suas empresas, contagiam as pessoas com seu exemplo de que a vida vale a pena e que o melhor ainda está por vir.

Trabalhe com entusiasmo, ele é contagiante. Mantenha acesa a chama da motivação, ela é uma alavanca poderosa capaz de mover os obstáculos mais difíceis que você encontrar pelo caminho.

46 Imprima sua marca

A grande batalha por espaço no mercado, seja entre produtos ou pessoas, é uma batalha de percepções. Nessa batalha, os "mais bem lembrados" acabam sempre levando imensa vantagem.

Observe: são os "mais bem lembrados" e não os mais lembrados. Ser simplesmente lembrado é pouco na era atual. Essa lembrança tem que estar associada a um valor único e raro, algo que o diferencia em muito dos demais: sua identidade, sua marca.

O aspecto qualitativo da lembrança é fundamental. **Além de se lembrar de você, as pessoas precisam se lembrar das experiências positivas e marcantes que viveram a seu lado.**

Todas suas outras competências perderão importância se você não desenvolver uma competência-chave: a habilidade de fazer que se lembrem de você (de se tornar inesquecível).

Muitas pessoas não crescem em suas carreiras justamente porque se esquecem de "ajudar" os outros a perceber e valorizar seus diferenciais. Elas simplesmente se esquecem de tornar seus acertos marcantes.

Toda grande obra de arte tem uma assinatura. Desenvolva sua assinatura, aquela característica que o distingue nitidamente dos demais. E sempre que conquistar uma vitória, assine – deixe sua marca, um claro sinal que você passou por ali.

Jamais permita que sua presença seja inexpressiva. Sua marca é a impressão "digital" de sua alma.

Dedique-se, esforce-se, contribua efetivamente em tudo o que fizer. Coloque sua alma em suas realizações. Deixe sua marca por onde você passar, e todos se lembrarão de você!

47 Aja como intraempreendedor

O intraempreendedorismo é uma das competências mais procuradas pelas melhores empresas da atualidade. **Intraempreendedores são pessoas dotadas de comportamento empreendedor, que, em vez de iniciarem seus próprios negócios, atuam como talentos contratados em uma empresa.**

Intraempreendedores inovam, assumindo, de maneira ética e responsável, desafios e riscos que transformam dificuldades em oportunidades.

Algumas características dos intraempreendedores:

- assumem a missão da empresa como uma missão pessoal;
- possuem muita iniciativa, determinação, garra e persistência;
- são movidos por um desejo intenso de realização;
- são focados em encontrar e aproveitar oportunidades;

- inovam, introduzem, modificam, transformam e agregam muito mais valor que os outros;
- dedicam-se ao que é difícil e desafiante, ousando assumir riscos e metas arrojadas;
- deixam sempre um excelente legado a seus pares e sucessores.

Os indivíduos intraempreendedores são sempre mais valorizados e lembrados. São convidados com maior frequência para os projetos mais interessantes e significativos da empresa. Estão sempre entre os mais indicados para promoções e na lista dos mais bem remunerados.

Aja como um intraempreendedor e faça as coisas acontecerem; dedique comprometimento máximo, demonstrando garra, tomando a iniciativa, introduzindo inovações e desempenhando suas ações como se fosse o "dono do negócio".

48 Realize coisas extraordinárias

Costumamos imaginar que as pessoas que mais admiramos são possuidoras de características especiais e, na maioria das vezes, estamos muito enganados. O que as torna admiráveis é justamente o fato de serem pessoas comuns. São pessoas comuns que fazem coisas extraordinárias!

Elas fazem o que as outras pessoas gostariam de fazer, mas não dedicam suficiente determinação, disciplina e busca de conhecimento necessárias para fazê-las.

O que torna essas pessoas diferentes e admiradas é que elas se dedicam mais, se esforçam mais, trabalham mais, amam mais, perdoam mais etc.

O fato de reconhecermos que elas são pessoas comuns não diminui seu mérito; pelo contrário, aumenta. Sem possuir superpoderes, realizam coisas extraordinárias.

O extraordinário está além do comum, é algo mais profundo, de maior valor; portanto, exige maior busca e dedicação.

Desejando mais intensamente, utilizando nossa vontade de maneira criadora e agindo como vencedores, nos tornamos pessoas extraordinárias!

Uma máquina pode substituir o trabalho de centenas de trabalhadores, mas não pode substituir uma só pessoa extraordinária!

Não espere por condições especiais para realizar coisas extraordinárias; o momento é agora e as condições são as que estão a seu alcance. Não são elas que tornam as coisas extraordinárias, mas sua ação sobre elas.

Extraordinárias são as pessoas que se dedicam a fazer o comum tornar-se especial.

Realize coisas extraordinárias!

49 Supere-se

Quanto mais ousadas forem nossas metas na vida, mais teremos que superar a nós mesmos para realizá-las. O maior obstáculo está sempre dentro de nós, assim como as possibilidades de vencê-lo.

Para se superar você precisará conhecer em profundidade a si mesmo e os mecanismos psicológicos que estão agindo em você a cada momento.

Não podemos superar aquilo que desconhecemos; precisamos ter uma definição clara do que é um limite, para vencê-lo.

Um limite representa o ponto máximo a que se pode chegar dentro das condições atuais!

Nossos limites se expandirão em função dos esforços conscientes que realizarmos para superá-los.

Ampliar limites requer muita disciplina e persistência. Somente a dedicação constante tem o poder de expandir limites. Uma vez conquistada uma ampliação de nossos limites, temos que continuar trabalhando para manter as conquistas e superá-las.

Não são eles que tornam as pessoas limitadas, mas sua postura diante deles, o fato de transformarem seus limites em limitações.

Se algo está limitando você, não são seus limites, mas o medo e a ilusão de não poder vencê-los. Vença o medo e a ilusão e superará seus limites.

Nossas dificuldades e deficiências apontam caminhos para nossas maiores vitórias. O mundo pertence aos que têm coragem de enfrentar suas dificuldades.

Todos nós temos limites. Não permita que os seus se tornem limitações. Supere-se, dedique-se, melhore suas condições, estude mais, treine mais, tente mais, ouse mais, desafie-se mais. Não espere, supere-se!

Quando nos superamos, percebemos um novo universo de oportunidades a nossa volta; quando mudamos, transformamos nossa historia e o mundo em que vivemos.

Vencedor é aquele que vence a si mesmo!

50 Faça-se servidor

Muitos confundem servir com servidão e se equivocam acreditando que ser um servidor é ser um servo, um escravo, alguém inferior. Isso não é verdade.

Servir é o ato de maior grandiosidade do ser humano; é nele que ele se eleva acima das questões banais e triviais, acima do orgulho e da vaidade.

Servir é uma atitude espiritual elevada. O servidor é alguém que se coloca à disposição do bem comum; é alguém que se dispõe a ajudar a solucionar questões, encontrar respostas e caminhos.

Ser um servidor não é um cargo ou uma função; é um estado de espírito, uma filosofia de vida!

Servir é o maior de todos os privilégios e honras que podemos abraçar por vontade própria.

Servir é sair de nós em favor do outro, auxiliando-o em tudo o que podemos, buscando sempre ser útil e agregar valor. O servidor compreende sua missão profissional, social e espiritual e a realiza com excelência.

Somente quando temos valor podemos agregar valor. Servir é colocar nosso valor em favor da causa que abraçamos. Descubra o prazer de servir e sua vida se preencherá de significado e alegria!

Na vida, quem não vive para servir "não serve"!

51 Viva sua fé

A palavra "fé" origina-se do latim *(fides)*, do qual vem também a palavra "fidelidade". Fidelidade é a qualidade daquele que é fiel. Para os romanos, fé significava a personificação, a materialização da palavra dada, o compromisso cumprido.

Assim, a fé em Deus é a certeza de que a palavra Dele será sempre cumprida. **Nossa fé é como o rio de nosso espírito que corre para o oceano de Deus. Que obstáculo poderá detê-lo?**

Muitos confundem a palavra fé com a ideia de querer, ou crer intensamente. Fé é atitude! É agir movido pela certeza da presença do Amor Divino e da Divina Justiça.

A fé não pode ficar inoperante, à espera e na expectativa de que Deus faça as coisas por nós. Ele nos dotou de todas as condições para fazê-las e nos concedeu liberdade para agir.

Quando possuímos a fé verdadeira, somos profundamente produtivos. Aqueles que vivem sua fé produzem boas obras, assim como as boas árvores produzem bons frutos.

Fé não é crença. É convicção, é certeza. **Fé é a certeza que resta quando todas as outras deixam de existir!**

Quando temos fé, seguimos determinados por caminhos que outras pessoas julgariam ser impossíveis.

Perseverando em nossa fé, realizamos tudo aquilo que nos disseram ser impossível. Impossibilidade é falta de fé, é a desculpa que os corações vacilantes usam para dizer que desistiram.

Fé não é teoria, é prática. Viva intensamente a sua fé. Seja fiel e você chegará a lugares muito melhores do que aqueles aos quais você sempre sonhou chegar.

Viva sua fé, faça por merecer o Amor que Deus dedica a você em cada segundo de sua existência. A fé nos faz Seus filhos e herdeiros de Suas bênçãos!

Agora é com você

Depois de termos visitado juntos cinquenta e uma atitudes essenciais para a vida e a carreira, já não somos mais os mesmos.

Nós nos identificamos com várias delas. Percebemos a necessidade de aperfeiçoar as que já possuímos, mas estão menos desenvolvidas.E o que é mais importante: descobrimos que há muitas atitudes ainda por desenvolver. Atitudes que são fundamentais, mas que ainda não estamos praticando, seja porque ainda não sabíamos o suficiente sobre elas, seja porque não tínhamos maior consciência de sua importância.

Cada uma dessas atitudes que você incorporar a seu comportamento aumentará exponencialmente suas chances de sucesso e felicidade. As chances sempre favorecem as pessoas preparadas. Se cada atitude isoladamente já faz a diferença, fica fácil perceber que, quanto maior for o conjunto de atitudes vencedoras, melhor.

O mercado está cada vez mais competitivo, as empresas cada vez mais exigentes, os clientes cada vez mais seletivos. Por isso, temos que estar cada vez mais preparados!

Dedique-se firmemente ao desenvolvimento de cada uma destas atitudes. Não aceite o lugar comum. Ninguém deve passar pela vida sem acontecer!

Somos responsáveis por nossa autobiografia. Na vida, ou você escreve sua própria história ou terminará lendo a história que outras pessoas escreveram em seu lugar.

Sim, é verdade que o Sol nasceu para todos, mas também é verdade que aqueles que não saem da sombra não se beneficiam com sua luz.

Saia definitivamente da sombra. Permita que a luz de sua existência brilhe intensamente. Escolha vencer!

Para maiores informações sobre o autor

Site oficial: www.carloshilsdorf.com.br
Twitter: www.twitter.com/carloshilsdorf

IMPRESSÃO E ACABAMENTO:
YANGRAF Fone/Fax: 2095-7722